PARA ODIAR HAY QUE QUERER

Y yo te odio como nunca quise a nadie

ExLibric

ROCÍO AGULLEIRO GARCÍA

PARA ODIAR HAY QUE QUERER

Y yo te odio como nunca quise a nadie

EXLIBRIC

ANTEQUERA 2020

ROCÍO AGULLEIRO GARCÍA

PARA ODIAR HAY QUE QUERER

Y yo te odio como nunca quise a nadie

A ti, que estás leyendo esto, te doy las gracias por
darme la oportunidad de expresar mis sentimientos.
Sigue llenando tu vida de recuerdos, que de todos se aprende algo.

Gracias, Jordi Martínez, por creer en mí,
porque desde que llegaste, hiciste mi vida más bonita.

Gracias a mis hermanos, Jonathan Solano, David Solano y Juan Antonio
Ruiz, por tenerlos siempre cerca.
En especial a mi madre, Beatriz García, porque es una gran amante de los
libros y el mío sé que lo va abrazar con mucho cariño.

Gracias a mi padre, Juan Carlos Agulleiro. Aunque su ausencia aún me duele,
deja huella en este libro y en mi corazón.

Gracias a mis amigos, en especial a Tabitah Hauers, Mónica Clotas, Jonathan
Carreño y Juan S. Díaz, por dejar que me exprese a mi manera, alto y claro
con mis pensamientos sin cordura.

Gracias a Exlibric por darme la oportunidad de mostrar un pedazo de mí y
de mis textos, en este maravilloso libro que me han ayudado a crear. Ha sido
todo un placer.

Este libro es para todo aquel y aquella que haya acariciado con su mano
cada escrito que he dejado aquí grabado.

Índice

Algún día

Algún día nos volveremos a encontrar,
algún día volveremos a coincidir, en otro momento
de nuestra vida. O al menos eso decíamos siempre.

Solo espero y deseo algún día volver a coincidir contigo.

Encontré en ti algo mejor de lo que siempre estuve esperando.

¿Qué harías?

¿Qué harías si me volvieras a ver?
¿Me sonreirías?
¿Me darías un abrazo?
¿Fingirías ser un conocido y me saludarías como si nada?

¿Sabes qué harías?
Harías como que no me has visto.
¿Sabes por qué lo sé?
Porque ya lo hiciste.

Mi error

Cuando decidí amarte, desde el minuto uno aposté por nuestro amor.

La gente, la familia, todos pensaban que era un error. Llegué incluso a pensarlo mucho tiempo. Aun así, lo hice por ti, por mí y por todo lo que sentía.

En mi interior sabía que esto no podía acabar bien, no por nada, sino porque tanto amor sabía que nos acabaría destruyendo.

Sin embargo, así es como se vive el amor joven y verdadero, o al menos así es como lo vivíamos tú y yo, todo muy intensamente.

Mi error fue esperar cosas de ti de la manera que yo quería que fueran, olvidándome de otras cosas como el amor que llegaste a sentir por mí.

Reflexión

El tiempo corre sin cesar para todos. Con el tiempo maduras, creces, aprendes conceptos que antes desconocías o, en mi caso, aprendes que el amor que hay en los cuentos de hadas no es real.

Mi reflexión es que nunca esperes nada de nadie.

Son palabras muy duras, palabras que cuando me las dijeron no supe entenderlas. No obstante, a medida que lo piensas todo tiene más sentido.

Llega a ser tan malo esperar lo que tú das que creas unas expectativas tan altas que al final se quedan en nada, porque no ha hecho lo que tú esperabas que hiciera y llegas a creer que esa persona no es para ti o no vale la pena.

Por desgracia, no lo entendí en su momento; para entonces ya no estabas en mi vida.

Adiós

Aunque haya pasado mucho tiempo, sigo haciéndome muchas preguntas que quedaron en el tintero.
Nos conocimos muy jóvenes. Vivimos mucho, muy fogosamente.
Compartiste todos tus secretos y confidencias conmigo, todas esas cosas que jamás antes habías contado a alguien.
Me hiciste sentir muy especial.
Compartimos momentos, risas, llantos, sueños.
Cuando tenía un problema eras mi apoyo incondicional y sabía que podía llamarte a cualquier hora, en cualquier momento.
Todo lo que me pasaba lo notabas tú sin que yo aún dijera nada.
Hacías lo imposible por hacerme reír otra vez y me decías: «No te preocupes, mañana será un nuevo día».
Planeamos un futuro juntos lejos, muy lejos de aquí. Solos tú y yo. Viajar sin destino y compartir sueños que teníamos en común.
El tiempo pasaba, el amor que sentíamos seguía creciendo.
Pero de repente algo en ti cambió.
Quizás fui yo, que no me di cuenta. Nunca se sabrá.

Llegó el mal tiempo a nuestra relación y las mentiras surgieron de la nada.
Yo no soportaba esas reacciones y mi comportamiento también cambió.

No sé si lo hice bien; solo sé que lo único que quería era lo mejor para ti,
pero no de esa manera.
Decías que era para no hacerme daño, pero el daño me lo estabas haciendo día a día.
De la noche a la mañana, sin preguntarme siquiera, decidiste que era lo mejor para ambos y desapareciste.
Jamás podré entender cómo fuiste capaz de echarme de tu vida para seguir siendo quien eras antes, aquella persona solitaria que no era capaz de amar porque, según tú, así eras más feliz.
Yo, que te lo hubiera dado todo. Tú, que prometiste no hacerme nunca daño.

Ella no creía en el amor

Ella, la que no creía en el amor.
Hasta que un día alguien le arrancó la armadura.

Fue entonces cuando dejó ver su verdadero corazón.

*Bondad, palabra que personas como tú
no entienden la existencia de su significado.*

21

Cuando mis pies dejen de pisar este mundo,
espero encontrarte en la otra vida.

Tú

Solo tú puedes decidir por qué, dónde, cómo y con quién.
Tú eliges tu destino.

Valentía

Aprender a aceptar la realidad
aunque duela en el alma.

Eso es de valientes.

Para odiar hay que querer.
Y yo te odio como nunca quise a nadie.

Concepto de amor

De la semilla nace la planta,
de la planta nace la flor,
pero ¿sabes de dónde nace el amor?

El amor nace de la esperanza,
vive de la pasión,
se alimenta de los celos
y muere fruto de la traición.

Miedo

En la intensa oscuridad me siento insignificante.

No puedo ver a nadie,
no puedo oír nada,
solo siento miedo.
¿Será miedo a la oscuridad o miedo a la soledad?
No tengo ni idea. Solo pensarlo me agobia, no encuentro
la salida.
Carezco de la luz que ilumine esta oscuridad.
Por favor, sé mi luz, sácame de aquí. Ya no lo soporto más.

Refuerza tus cimientos

La vida es como un edificio:
eres consciente de que debes construirlo,
pero es difícil ponerlo en práctica.

Hay personas que lo ven muy complicado, hay quien lo
tiene muy claro
y otros aún están pensando cómo les gustaría que fuera.

Sin embargo, tenemos algo en común.

Todos pasamos momentos de fatiga para llegar a la cumbre y
si no los superas tus cimientos se derrumbarán y tú con ellos.

Recuerdo

Aún recuerdo cuando trataba hacer de ti mejor persona.
Creía que era algo inexcusable para ti, para los dos.

Aún recuerdo el para siempre…

Me di cuenta de que el amor llega de inmediato,
pero el rencor puede durar años.
Eso nos mataba, nos consumía de rabia, aunque nos
hacía más fuertes.
De pronto la tempestad llegó a nuestras vidas. Sin cues-
tionarse una sola vez por qué ocurría, arrasó con todo
sin cesar.
Tuviste que hacer ciertas cosas por necesidad y eso
desunió los pocos lazos de nuestro amor.

Entonces comprendí que aquel PARA SIEMPRE es el
recuerdo del AHORA.

Una única vida

Puedes estar en la cima más alta del mundo, pero cuidado:
si te descuidas caerás de inmediato.

La vida puede ser larga y duradera, también puede ser corta
e intensa.
Pero no ansíes para ganar, disfruta para vivir
momentos que, si no aprovechas, cuando te des cuenta
echarás la vista hacia atrás y confirmarás que tu vida se ha
esfumado
como el humo de un cigarro.

Carencias emocionales

El día que aprendas a perdonarte y a perdonar
serás capaz de ver el motivo del asunto y comprender
que todo en esta vida no siempre tiene una respuesta.
Deja de echarle las culpas a los demás,
deja de echarle las culpas a la vida.

Asume las riendas de tu existencia.
Será entonces cuando empieces a superar tus carencias
emocionales,
que tanto daño te han hecho y te hacen incluso ahora.

Permítete el lujo de ver tu alrededor, la felicidad y las personas
que te quieren de verdad.

Sigues siendo tú

A la deriva, no importa. En el fondo de tu corazón sabes que sigues siendo tú y yo seguiré recordándotelo a los cuatro vientos.

Pese a que, pase lo que pase, siempre estaré a tu lado.

Esperanza

Desde mi superficie no podía percibir ningún sentimiento.

Sin darme cuenta, un día cualquiera apareciste tú como
un rayo de sol que aparece en el cielo.
Entraste a mi vida cuando más me amaba a mí misma.
Entraste a escondidas, me diste esperanza y me besaste
las heridas.

Sentí hormigueo y nervios en mi vientre,
verte fue sentimiento,
verte hizo que mi sombra se olvidase de invadir aquellos
días tristes y me diera fuerzas para proseguir.

Me adentré en ese camino sincero que había colmado
mi alma,
ordenando mi interior,
recuperando la calma.

Aunque no te dieras cuenta de lo que en mí hacías.
Cada mensaje,
cada detalle,
cada sonrisa.
Me aportaste fe cuando ya no la tenía.

Cada vez que cierro los ojos

Cada vez que cierro los ojos aún puedo ver tu rostro. Incluso aún me sigo repitiendo que fuiste alguien especial.
Pero cuando empiezo a recordar aquel malestar, las noches en vela, la falta de confianza que teníamos, incluso cuando me engañabas…

Es entonces cuando tienen más sentido los mil porqués que pasan por mi cabeza y las muchas dudas que faltaron por resolver.

Por eso ahora sé que debo echarte de menos.

Aunque digas que no

Aunque digas que no,
aún sigues creyendo en el amor verdadero, aquel amor con
el que desde pequeños las películas Disney nos alimentaban,
un amor de pasiones con finales felices.

Aquel que te dejaba sin aliento solamente con pensar su
nombre,
aquel que te hacía sentir plena,
aquel que, aunque creías que era tu peor pesadilla, también
sabías que era tu mejor sueño.

Ahora ya no estás.

Como la vida misma, todo tiene un final. Y es que cuando
piensas en todo lo que sentías sabes que aún lo llevas por
dentro.

Nostalgia

Recuerdos que invaden el alma te hacen volver a recordar aquellos momentos tan duros y mágicos que vivimos, momentos que ya no vas a volver a sentir…

De nuevo te invade el anhelo, te da pena que ya no vuelva a existir.

Un complejo sueño

El tiempo pasa y cada vez más rápido,
pero cuando te das cuenta, un día te paras a pensar
y te dices a ti misma:

«¿Quién soy?
¿Qué siento?
¿Qué quiero en mi vida?».

Ahí es cuando te das cuenta de que vives en un complejo
sueño y ha llegado el momento de despertar.

He llorado, y mucho, por amor.
Pero también por personas más importantes antes
de ti.

Te quise tanto que olvidé quererme

Olvidé que sí me puedo equivocar,
olvidé que mis errores no son una condena,
olvidé decir **no** a todo aquello que no quería en mi vida,
olvidé poner mis límites,
olvidé tener tiempo para hacer lo que más me apasionaba,
olvidé aceptar mis complejos,
olvidé tener nuevas oportunidades,
olvidé ser feliz.

Te quise tanto que olvidé quererme…

Poder decirnos adiós si es necesario en algún momento de nuestra relación, sin necesidad de machacarnos, y desearnos algo bonito.

No me iré

Hoy te sientes derrotado y crees que ya no puedes más.
Has caído tantas veces que es difícil levantar.
Pesa tanto la impotencia ante tanta adversidad…

¡¡Vamos, vamos!!

La batalla continúa, nunca dejes de luchar.
Las sombras que te atormentan solo así se esfumarán.
Lucha contra tus demonios, porque tú los vencerás.

¡¡Vamos, vamos!!

Yo creo en ti, sé que podrás
ante los hechos, ya verás.
Eres el único que lo puede hacer.
Estoy contigo, siempre contigo,
no me iré, no me iré,
voy a seguir estando a tu lado.

No, no me iré. Sabes que nunca te he fallado.

Porque me apetece

Te escribo porque me apetece, porque te mereces oír estas palabras,
ya que últimamente no te las suelo decir.
Quiero que sepas que creo en ti ante todos los hechos que has demostrado siempre. Creo en lo que dices, en lo que sientes. Y eso es amor.

Te quiero en el alma...

Eres el único que en estos momentos tiene un poco de derecho en **mí**.
Quiero recordarte que estoy aquí contigo, que no me voy a ir en este momento de mi vida y voy a seguir luchando a tu lado.

42

**Así que, con todo mi derecho,
cogí lo que era mío y me marché.**

Te quiero y siempre
te querré

Esta noche es muy confusa, hoy la luna no quiere salir,
hoy no existe el horizonte, la mar está gris.

Bastó con un momento, con una caricia valió.
No hicieron falta palabras, con una mirada ocurrió.
No supe reaccionar después, solo pensar:
«¿Eras tú quien estaba allí de verdad?».

Ahora te miro y veo que has cambiado, no sé si quieres
saber de mí.
Es duro pensar en ti, pero, ahora que recuerdo, no sé si
realmente fui importante para ti. Para mi tú eras todo
lo contrario.

Entraste en mi vida en esos siete minutos en los que
me diste calor,
pero, no sé, ¿qué importa lo que pueda sentir yo?
Aquí, en mi corazón, siempre habrá un pedazo para ti.

Sin embargo, no nos engañemos, tú has hecho tu vida
lejos de mí, así que solamente quiero decirte…

que seas muy feliz.

No soy una princesa

El príncipe no me va a despertar
de mi somnolencia con un beso
como en los cuentos de hadas,
aunque eso creía yo antes.

A fin de cuentas, yo tampoco
he sido, ni seré, una princesa.

Te tengo que olvidar

Me despido de ti y quizás aún te amo,
quizás no te tengo que olvidar…
Nos amábamos demasiado… *tú y yo*.

Este querer triste, apasionado y loco ocurrió cuando me ayudaste. No sé si me quisiste mucho, la verdad. No sé si me quisiste.

En mi recuerdo aún me imagino tu rostro y siento rabia. Me dijiste:
«*Se acabó*» y en mi corazón guardo tristeza.

Pero cuando estoy sola en mi habitación y pienso que te he perdido es cuando me doy cuenta de que estaba equivocada. Y es cuando me doy cuenta de que te amé, te amo y tal vez siempre te amaré.

Ahora te digo adiós. Seguramente, con estas palabras te habré perdido para siempre, pero te lo he de decir: **Te tengo que olvidar**.

Amor no es exigir

Tenemos un concepto del amor que no es correcto.
Amor no es sufrir, amor es vivir.
Amor no es exigir, amor es elegir.
Amor no es corregir, amor es compartir.

Esa persona que desee ser tu compañera de vida
que respire tu mismo aire sin ocultar tu respiración,
que confíe en tu coraje y tu nobleza,
que jamás te desgaste, que jamás te envidie o quiera
robarte aquellos sueños que un día lograste por ti misma.

Las lágrimas de amor llegan sin avisar y siempre causan dolor.

Falsedad

Ser falsa una vez al año no hace daño.

Yo te digo a ti
que si lo eres una vez, lo eres todo el año.

P.D.: *No te quiero en mi vida.*

No te quiero en mi vida

Amigo leal, aquel que desde la distancia siempre sientes que
está cerca.
Se preocupa por ti en tus malos momentos,
se alegra de las cosas buenas que te ocurren,
cuando necesitas que te saque una sonrisa lo hace,
cuando cree que no tienes razón te lo discute,
si comete un error lo asume y pide perdón.
Aun cuando te saque una lágrima, es porque te quiere.

Pero no siempre suele ser así. En ocasiones
las amistades también te hieren.

Te conocí,
te admiré,
jamás te juzgué, pero qué ingenua fui.
Te consideraba una buena amiga.
Ahora solo veo que eres tóxica y adictiva.

Con el tiempo te das cuenta de que es sano perder a ciertas
personas
aunque duela, aunque cueste asumir que te han traicionado.
Recuerda: siempre será un bien para ti.

No quiero volverte a ver.
No eres sana para mí, *«amiga»*.
No te deseo el mal, pero no te quiero en mi vida.

Me hubiera encantado oírte decir

Me hubiera encantado oírte decir alguna vez:

«Me inspiraste a ser mejor persona, me apoyaste a lograrlo y recuerdo cuando me decías: "Lo que puedas hacer hoy no lo dejes para mañana". Y eso solo lo hace una persona que ama de verdad».

Yo te amé de verdad, pero aquí estoy, jodida. Me quedé en el intento porque no quisiste cambiar.

Ojalá pudiera decirte adiós

Ahí estabas tú, en la cama de un hospital, con la cara de color amarillo y con los ojos vidriosos. Me dijiste:
«¿Qué haces aquí?
Vete, estoy bien. No es nada grave» con una sonrisa en la cara.

Seguidamente, unos días después yacías en la cama sin poder despertar.

Tan solo tenía diecisiete años cuando ocurrió. Y quiero fingir que no es verdad, que no te has ido.
Ojalá hubiera podido despedirme. Te hubiera dicho mil cosas,
habría abierto mi corazón de par en par, tal vez incluso habría llorado por ti.
Pero en el fondo sabía que podía ser la última vez, aunque nunca fui consciente de que no te volvería a ver.

No quiero volver a asimilar este sentimiento, a menos que sea entre **tú y yo**.
Ojalá pudiera decirte adiós, papá.

Mensaje subliminal

Una niña de cinco años en clase:
«Profesora, mi papá *pam pam* a mi mamá todos los días».

No te calles, pide auxilio.

Hay guerras que dejan cicatrices. Tú decides cómo sanarlas.

Resiliencia

Quizás no sea el mejor ejemplo, pero siempre fui una luchadora.
Asumir todas las batalla de la vida aunque duelan en el alma.
Eso es de valientes. Transformar el dolor en oportunidad.

No eres lo que logras, eres lo que superas. Y así me siento **YO**.

54

Mirar hacia el cielo y recordar a esa persona que ya no está contigo.

Fuiste el único para mí

¿Te decepcioné o te fallé?
¿Acaso debo sentirme culpable o debo dejar que me juzgues?

Y es que vi el final antes de querer empezar.

Puede que se haya terminado, pero esto no ha acabado aquí.
Aquí estaré siempre, por si te interesa saberlo.
Tocaste mi corazón, me llegaste al alma,
conocí tus miedos y tú los míos,
te vi en tus mejores momentos y en los peores,
te vi reír, te vi llorar,
te vi rabiar, te vi amar,
te conozco bien, reconozco tu olor…

Cambiaste mi vida y, aunque tuvimos dudas, te quiero.
De eso sí que estoy segura.

Adiós, amigo mío.
Adiós, amor.
Fuiste el primero y el único para mí.

La vida sigue, el tiempo transcurre y si cambias recuérdame, recuérdanos, como lo solíamos hacer antes.

Siento miedo

Cuando empieza un nuevo día
me juras que cambiarás,
pero vuelves a caer.

Me dices que me quieres,
siempre me prometes,
te metes en mi mente.
Ya no sé quién eres.

Cada falta de respeto,
cada bofetada,
cada amenaza.
Destruyes mi alma,
ya no siento nada.

Solo siento miedo. Miedo de quererte, miedo de dejarte.
Ya no tengo fuerzas…

¡Me duele todo el cuerpo!

Tú eres la causa

Eres la causa de mi insomnio todas las noches
y ya no estás aquí para remediarlo.

Ojalá pudiera estar entre tus brazos.
Después de hacer el amor durante horas
me tapabas sigilosamente con la sábana,
mirándome fijamente a los ojos
mientras me acariciabas el pelo
hasta quedarme absolutamente dormida.

Tú eres la causa de ello y no es justo.

Para odiar a alguien has tenido que amar antes.

Consejo de una madre

Llegué a casa llorando sin cesar, gritando que me habían
roto el corazón.
Pensaba en todo lo que llegué a darte y en todo lo que perdí
ahora que ya no estás.

Mi madre en mi habitación quiso entrar.
No pudo evitar escucharme llorar.
Me dijo algo que jamás se me olvidará:

«Todo lo que diste por esa persona lo hiciste porque
la querías, porque así lo sentiste en su momento.

Nunca te arrepientas de dar todo por alguien aunque no lo
valoren. El día de mañana tú lo olvidarás y volverás a darlo
todo de nuevo.

Nadie muere de amor por otra persona; se trata de disfrutar
cada momento y vivirlo juntos hasta donde perdure».

No me arrepiento

Nunca me arrepentiré de haberte conocido,
ya que creo que todo pasa por alguna razón.
Entraste en mi vida a causa de algo
y, aunque me hayas causado dolor,
siempre estarás en mi corazón.

Gracias a ti cultivé muchas cosas.
Una de ellas es que
la gente nunca cambia, solo modifica hábitos.

No obstante, jamás diré que fuiste lo peor,
ni siquiera que fuiste un error,
ya que hubo un tiempo
en que eras justo lo que necesitaba.

**Aquello que nunca busqué, pero siempre necesité.
Eso eres tú para mí.**

Ya no queda nada

¿Cuántas veces tenemos que quedar para hablar?

Me consume la existencia cuando siento que te amo,
pero no podemos existir juntos.
¿Cuántas noches tenemos que demostrarnos
que esto ha llegado a su final?

Desaliento es lo que siento cuando sabemos que
ya no nos queda nada, todo queda dicho.

**Si tú quieres seremos amigos, pero ayúdame a olvidar
nuestro pasado.
Ya no quiero que nos hagamos más daño.**

El tiempo

El tiempo pasa para todos. Cuando crees que ya conoces a una persona, llega un día y desaparece de tu vida, los años transcurren y la viveza te cambia.

Somos dos desconocidos que se conocen muy bien.

Después de muchos años…

¿Nos conocemos?

Todo principio tiene siempre un final.

Aprendí de ti

No debería asustarte mi maldad
cuando fue de ti de quien aprendí.

Familias

Las familias pueden ser grandes o pequeñas,
pero ellas siempre enseñan
a cuidarse unos a otros,
cada uno a su manera.

Y aunque a veces dolor te haya causado
y aunque no te hables con ellos,
siempre necesitarás tenerlos cerca.
Entre todos formáis un pequeño mundo.

El mundo de donde vienes tú.

Si me quieres

Si me quieres,
haz que te merezca.
Así de claro.

Nunca te olvidaré

Tú bien sabes que no fue mi culpa;
ambos estábamos conociendo a otra persona y no nos dijimos nada.
Pero tú te fuiste sin decirme nada. Y a pesar de que lloré como nunca, yo seguía de ti enamorada. Pero te fuiste y jamás regresaste…

Nunca me dijiste un «*adiós*» o un «*nunca te olvidaré*».

Entonces me propuse no hablarte ni verte,
aunque en el fondo de mi corazón gritaba tu nombre.

Ahora ya estás con ella y ya no puedo ni debo quererte.

¿Y si?

Siempre fuimos expertos en pensar «**¿Y si?**»,
pero parece que somos expertos en no intentarlo.
Cada vez que nos rozábamos, nos besábamos o cuando me
levantaba con el pelo enredado de una noche de pasión a tu
lado volvíamos a pensar: «**¿Y si?**».

Nos pasábamos los días discutiendo por tener una relación
perfecta y
en ese momento yo creía que lo nuestro no era amor verdadero.

Los dos teníamos una mochila muy pesada a nuestras espaldas,
que durante un tiempo fue bonito compartir, pero también
fue difícil de entender.
Pero de nuevo nos invadía el «**¿y si?**».

Ahora sé que el amor verdadero era el que teníamos tú y yo.

Ahí estuvo el fallo. Ahí está el dolor causante de nuestros
males.
En seguir pensando constantemente si hacíamos bien, haciendo caso a personas que malmetían en nuestra relación.
En querer la perfección y no amarla como éramos nosotros
y dejarnos llevar por nuestros corazones.
Aun estando noches a distancia de ti, intentando acostum-
brarme, seguía diciéndome que te quería a mi lado.

Y ahora pienso en todo lo que podría haber sido y no fue, porque ahora me doy cuenta de que ni siquiera nosotros intentamos que sucediera.
Somos expertos en no querer intentarlo o intentarlo y fracasar por el mismo pensamiento: «¿**Y si?**».

Nuestro final se basa en que no se pudo en ese momento de nuestras vidas y no en que no quisiéramos que fuese.

Elegir

Yo no elegí enamorarme de ti, pero si pudiera volver a decidir hubiera elegido una vez más que sí.

Pero tú ya sabías la respuesta.

Duele pensar

Duele pensar que lo mejor que me pudo pasar
fue conocerte.
Nos conocimos en un momento tan malo de nuestras vidas
que no teníamos el valor suficiente de aceptar el amor que
sentíamos.

Fuiste la persona y fue el lugar correcto, pero por desgracia
no fue nuestro momento.

71

Te he adorado y te he odiado. Y en el fondo lo sabes bien.

Me hacías sentir muy especial

No puedo borrar de mi mente todos aquellos días en los que, cuando me veías, sonreías como si no hubiera un mañana, te brillaban los ojos y me abrazabas como nunca antes lo hubieran hecho contigo mismo.

Simplemente por eso, por esos días, me hacías sentir muy especial.

En el fondo lo sabes muy bien: éramos iguales, pero no supimos encontrar el equilibrio.

El olvido

Ni siquiera el rencor,
ni siquiera la decepción,
ni siquiera el dolor,
ni siquiera el tiempo,
ni siquiera el odio.
Solo muere lo que olvidas.

Así soy yo

No volveré a enjuiciarme a mí misma
por lo que creo que hago bien o mal.
No volveré a luchar contra mi ser,
ni por ti ni por nadie.

Me ha costado la vida llegar a ser quien soy ahora.

Tóxico amor

Demasiado tiempo duró nuestra relación.
Aún ni me creo cómo pude aguantar tanto tiempo a tu lado.

Me llenabas de palabras bonitas,
me decías que me amabas como a nadie,
que yo era distinta a las demás,
que conmigo tenías toda la felicidad.
Así conseguías lo que querías:
tenerme a tu lado, sí, para tus delicias.

Fueron tantas las mentiras,
fueron tantas las traiciones.
Aun así, conseguías
no dejar que te abandone.

Yo, ilusa, pensando que eras lo que me merecía,
un hombre con un pasado roto como el mío, que eso fue
lo que nos unió.
Un hombre bueno, atento y lleno de amor.

Me tenías cegada,
hacías que me sintiera vacía incluso cuando conmigo no estabas,
que dependiera de ti para todo
aun siendo independiente de mis propias decisiones,
porque en el fondo sabía que no eras bueno para mí,

pero siempre me inundaba la culpa y pensaba que era yo la
que no te merecía.

Qué ilusa, ¿verdad?
Y a pesar de que había cosas que no entendía,
yo, ilusa de un amor, seguía luchando por nosotros, por tener
una vida.

Hasta que llegó el gran día,
se te cayó la máscara
y pude contemplar todo de lo que carecías.
Lo que eras en realidad.

Psicópata te podría llamar.
Tantos años de llantos suplicándome perdón, que necesitabas
ayuda y que no me fuera, por favor; que siguiera contigo,
que solo fue un error…

Por fin todo eso terminó
el día en el que entendí lo que ocurría,
cuando en una discusión
mis ojos pudieron observar una traición más.
Aun así, me llamaste loca sin cesar,
que me lo había inventado todo y que estaba en mi imagi-
nación.

Ese día se me cayó tu amor.
Llena de dolor y decepción,
pude por fin decirte ADIÓS.

**Querido dolor, necesito sentirte
para saber que era real.**

Infancia cruel

La gente siempre me explica lo bonita que fue su infancia;
sin embargo, la mía no fue del todo así. No es algo que puedas decidir.
Al menos hasta los nueve años nunca fui del todo feliz.

Recuerdo esa mezcla de sentimientos:
tristeza, ruido, soledad, impotencia, miedo, ansiedad, asco,
odio, ira, dolor, sufrimiento…

Llegaba a casa y me inundaba la **tristeza**;
cuando empezaba hacer los deberes, el **ruido** me invadía
con los gritos de ese hombre que en mi casa vivía.

La **soledad** me acompañaba todos los días
aun habiendo gente en mi casa cada día.

Él se apoderaba de mi madre,
no tenía tiempo para mí
y, aunque jugara con mi hermano,
la **impotencia** era un lastre
que se apoderaba de mí.

Gritos y más gritos. Chillaba esa mujer
y yo, llena de sufrimiento, no entendía el porqué.
Rezaba todas las noches para que no volviera a suceder.

Al día siguiente, el **miedo** volvía a mi piel.

Mirando a mi mamá, con rabia en mis ojos, le decía: «¿Por qué?».
Ni siquiera levantaba la cabeza por si no hacía algo bien.

En la salida del colegio él me recogía,
el hombre al que yo llamaba papá.
La **ansiedad** se apoderaba de mi cuerpo,
no quería irme con él.
No quería, pero solo siete años tenía.
¿Qué más podía hacer?
Ahora la palabra **asco** repetía una y otra vez.

Mi madre, en casa esperando,
angustiada y con llantos;
felicidad entre sus brazos
cuando nosotros llegábamos.

Golpes, más golpes,
siempre volvía a proceder.
Con mis manos mis oídos tapaba,
el **odio** aparecía en mis pensamientos
y luego lloraba derrotada en la cama.

Insultos, barbaridades de su boca expulsaba,
pero a ella yo nunca escuchaba,
solo lamentos que él le obligaba a recitar
y a veces sin palabras.

Un suceso preciso.
Él con un cuchillo a mi madre amenazó,
replicando ella estas palabras
que guardo en mi interior:

«Mátame, mátame si te atreves. ¿A qué estás esperando?
Hazlo ya, no aguanto este **dolor**».

La **ira** me hizo abalanzarme hacia esa discusión.
En medio me puse, suplicando que parase, por favor.
Él dejó el cuchillo, con su mano me pegó una bofetada
y muy lejos me lanzó.

Entonces mi madre en ese momento reaccionó.
Con todo **sufrimiento**,
con su mano agarró ese cuchillo y,
arriesgando su vida, con coraje repitió:

«No lo vuelvas a hacer jamás,
a ellos sí que no. Esto ha llegado a su final.
Como te acerques a nosotros
yo sí que te mato. Te mato, y esta vez de verdad».

Carta a una amiga

Ella es mi familia,
mi mano derecha,
mi llorera,
mi consejo,
mi videollamada,
mi abrazo,
mi confidente,
mi locura,
mi admiración,
mi lealtad,
mi paciencia,
mi confianza,
mi diversión,
mi empatía,
mi distancia pero mi cercanía,
mis motivos de quererte tanto.

Eso es ella, mi AMIGA.

82

Te amé tanto que ahora necesito odiarte.

Necesito sentirte

Esas noches, decidida a salir de fiesta,
me ponía mi mejor vestido,
me pintaba los labios de tu color favorito, rojo.
Sabía que durante la noche
me ibas a buscar y me ibas a encontrar
en alguna discoteca en la que siempre solíamos estar,
junto a mis amigas o sola, pero bailando sin cesar.

Un poco borracha y divertida, sabía que te preocupabas
por mí,
a veces demasiado.
Pero reconozco que siempre te estaba esperando.
Y allí estabas tú. Me cogías de la mano y comenzábamos a
bailar.
Me mirabas a los ojos, me decías que estaba realmente pre-
ciosa,
que nos fuéramos a casa juntos, que tú ibas a cuidar de mí.

Y siempre, al terminar la noche,
me llevabas al hotel, aquel al que siempre solíamos ir,
me estirabas en la cama,
quitándome la ropa mientras me decías:
«Has bebido mucho, hay que descasar».
Pero cuando te veía junto a mí era tan feliz…

Sigilosamente pasaba mi mano por tu cuerpo

mientras temblaba de placer.
Solo tenía ganas, ganas de sentirte mientras te susurraba al oído, gimiendo de placer, que te amaba con locura.
Tu respiración y esa rabia de pasión mientras nuestros cuerpos se fundían en la nada.

Necesitaba sentirte, necesito sentirte…

Una historia

Una vez, caminando por la tierra, el amor se encontró al odio.

El amor dijo: «¿Por qué me odias tanto?».

Y el odio respondió: «Porque una vez te amé demasiado».

FIN

Eres esa historia que siempre quise y quiero contar.

3T

Te quiero. Te amo. Te odio.

@ro_pichimba
@poesia_ro